흔들리는
날들의 기도

흔들리는 날들의 기도

ⓒ 생명의말씀사 2025

2025년 4월 23일 1판 1쇄 발행

펴낸이 | 김창영
펴낸곳 | 생명의말씀사

등록 | 1962. 1. 10. No.300-1962-1
주소 | 서울시 종로구 경희궁1길 6 (03176)
전화 | 02)738-6555(본사) · 02)3159-7979(영업)
팩스 | 02)739-3824(본사) · 080-022-8585(영업)

지은이 | 이철환

기획 편집 | 서정희 이주나
디자인 | 박소정
인쇄 | 영진문원
제본 | 보경문화사

ISBN 978-89-04-16915-3 (03230)

저작권자의 허락 없이 이 책의 일부 또는 전체를
무단 복제, 전재, 발췌하면 저작권법에 의해 처벌을 받습니다.

이철환 글·그림

흔들리는
날들의 기도

추천의 글

김재원

아나운서, KBS 〈아침마당〉 진행

인생에서 마주하는 궁극적 질문은 아무도 답해 주지 않습니다. 심지어 하찮은 질문조차 명확한 답을 찾기 어렵습니다. 나는 나 자신조차 제대로 모르고 흔들리며 살아왔습니다.

정물화를 그리다 보면 물체의 색이 서로 묻어납니다. 나의 빛깔이 타인에게 묻으며 타인의 색깔이 내게 묻는 것이 함께 하는 인생입니다. 나의 진짜 빛깔은 무엇이고, 타인은 어떤 색을 품고 있는지에 대한 명확한 짐작은 이 책이 주는 선물입니다. 그동안 나는 내 마음에 무슨 색을 칠하고 있던 걸까요?

이철환 작가의 기도를 통해 우리 인생에서 함께 그림을 그리고 싶어 하시는 주님의 마음을 확인했습니다.

"주님, 하얀 도화지를 준비했습니다. 이제 주님이 그려 주십시오."

이 책은 주님이 땅에 쓰신 글씨요,
내 마음에 그려 주신 그림입니다.

오대식

높은뜻덕소교회 목사

이 책은 이상합니다. 굳이 한 문장 한 문장 깊이 음미하지 않고 책을 읽고도 책장을 덮으면 마음에 묵직한 무엇인가가 남습니다. 내가 잘못 살고 있는 것이 느껴져 부끄러워지고, 내가 인생에 소중한 것을 놓치고 있다는 것을 알게 되어 먹먹한 마음을 갖게 합니다. 왜 그렇게 뛰어다니며 살았는지, 뭐가 그리 바빠서 헐레벌떡 살아왔는지, 좌우 살피지 않고 나만 생각하며 달려왔는지 되돌아보게 합니다. 그래서 두 번 읽기가 두려운 책입니다.

이 책을 다 읽고 난 후 작가에게 한 마디 건네고 싶습니다. 작가의 어머니께서 작가에게 "무슨 만두가 이렇게 맛있냐?"라고 하신 말씀같이 "무슨 책이 이렇게 맛있냐?"라고.

책의 제목과도 같이 인생의 여정에서 이런저런 일들로 흔들리는 시간을 지나고 있는 분들께 꼭 권해드리고 싶은 책입니다. 흔들리는 걸음에 좋은 벗이 될 것입니다.

이상억

장로회신학대학교 목회상담학 교수

'날아가는 니스의 새들'을 꿈꾸는 소망은 대부분 꺾입니다. 아쉽지만 현실이 그렇습니다. 그런 현실 속에서 이철환 작가의 기도는 눈물입니다. 그런데 고개 숙인 실존을 소생시키는 봄비 같은 눈물입니다. 우리는 여전한 죄악과 죄성으로 괴로울지라도 하나님 앞에 순전하게 드러내면 설명할 수 없는 하늘의 평안을 경험합니다. 긍휼과 칭의의 은총이라는 신비를 경험하기 때문입니다. 하지만 이 평안은 단순히 정갈하고 편안한 마음만을 말하는 것이 아닙니다. "어찌할꼬?"(행 2:37)라는 실존적 한계가 드러나는 부끄러움과 함께 믿음과 회복을 위한 실천적 행위가 잇대어지기 때문입니다.

소원이 가득한 간구도 누군가를 위한 기도도 아닌데, 이 책은 사람을 살립니다. 우울과 공황, 결벽과 강박에 시달린 자신을 살렸듯 작가의 기도에 동참하는 이를 살립니다. 나침반 바늘 끝이 떨리듯 그의 기도는 떨립니다. 그래서 그의 기도는 하늘을 정확히 가리킵니다.

contents

추천의 글 4
Prologue 별빛은 고요했고 바람은 사나웠습니다 13

1부
벚꽃 핀 봄날이었습니다 _15

날마다 저를 깨우시는 주님 17
약속 18
주님의 바다 20
하마 23
벚꽃이 필 때마다 25
교회가 조롱받는 이유 29
당신이 빛나는 별빛입니다 30
모든 기도가 이루어졌다면 32
마지막 밤 34
고요히 십자가 앞에서 36
가시나무 39
주님의 시나리오 40
주님, 환하게 오시옵소서 42
말씀과 말씀 사이 46
신앙도 그런 것입니까 47
왜 나에게 이런 일이 생겼을까요 48
짬뽕이 되기 싫어서 51
코뿔소의 뿔 52

2부
때를 따라 아름답게 _55

여수 여행 56
달맞이꽃이 피어 있던 자리 59
아버지 60
돌멩이 62
불신의 시대 64
편견 65
괜찮아, 그럴 수도 있어 68
유머 71
인간의 본성 72
안녕, 싸움닭 73
기도 74
슬픔이 없었다면 75
세상에 믿을 사람 아무도 없어 78
소통이 가장 어려울 때 79
나를 좋아하는 사람 82
신앙인 83
동백나무 숲을 걸었습니다 86

contents

3부
민들레의 눈높이로 보아야만 _89

행복 90
똑똑한 세상 92
달과 6펜스 94
빛과 소금 96
민들레의 눈높이 98
신앙 위에 굳건히 세워진 집 100
나무는 바람을 불평하지 않았다 101
경쟁력 104
가짜 소금 106
한낮에도 반짝이는 별빛 108
바다로 가는 동안 강물은 일억 개의 별을 가슴에 담는다 109
뒤늦은 깨달음 111
밤은 낮보다 아름다운 색을 가지고 있다 112
욕심쟁이 호랑거미 114
위로 116
회개 119
주님을 닮고 싶었습니다 120

4부
말씀이 함박눈처럼 소리 없이 쌓일 때 _123

가족 124
학교 종이 땡땡땡 125
엄마가 켜 놓은 등불 130
분별력 132
승리 134
축복의 통로 136
상처 138
바다가 보이는 식당 140
주님, 저를 불쌍히 여겨 주세요 142
피멍 144
하나님이 모든 것을 지으시되 때를 따라 아름답게 하셨고 146
불을 켜면 별은 멀어진다 148
동백꽃 149
주님을 생각하며 152
주님이 제 곁에 계시지 않았다면 153
나의 힘이 되신 여호와여 내가 주를 사랑하나이다 156

Epilogue 몽당색연필 키만큼 작아질 때까지 159

Prologue

별빛은 고요했고
바람은 사나웠습니다

제주 여행을 떠났습니다. 파도 소리를 들으며 밤의 해변을 걸었습니다. 바람에 실려 온 서귀포의 5월엔 귤꽃 향기가 가득했습니다. 바람이 불어오는 쪽으로 고개를 돌렸습니다. 귤꽃이 만발한 언덕 위 집마다 노란 등불이 매달려 있었습니다. 저 멀리 수평선까지 고깃배를 몰고 간 아들을 위해 엄마가 켜 놓은 등대였을까요. 별빛은 고요했고 바람은 사나웠습니다.

주님, 저는 지금 어디로 가고 있습니까.
저는 무엇을 바라고 무엇을 버려야 합니까.

1부

벚꽃 핀 봄날이었습니다

날마다 저를 깨우시는 주님

찢어진 종이에서 파도 소리가 들렸습니다. 저 멀리 파도를 등지고 걸어오는 술 취한 아버지가 보였습니다. 살림 부수는 소리가 들렸습니다. 엄마의 다급한 울음소리도 들렸습니다. 11살 저는 매일 밤 울다가 잠들었습니다. 잠결에도 푸른 파도 소리가 들렸습니다.

우울증, 공황장애, 결벽증, 강박증. 저의 평생을 지배할 괴물들이 한 걸음씩 한 걸음씩 아무도 모르게 저를 향해 걸어왔습니다. 과거는 과거가 아니라 현재였습니다. 공황장애는 참혹했습니다. 정신이 혼미해지며 저는 점점 더 깊은 죽음의 블랙홀 속으로 빠져들었습니다. 차가워진 손을 떨며 허겁지겁 알약을 먹어도 쉬이 사라지지 않는 죽음의 공포가 더 큰 공포를 부를 때마다 주님을 애타게 불렀습니다. 날마다 저를 깨우시는 주님, 춥고 캄캄한 이 동굴 속에서 한 걸음씩 한 걸음씩 걸어 나가겠습니다. 주님을 생각하면서. 주님을 생각하면서.

약속

엄마가 보고 싶었습니다. 엄마와 공원에서 만나기로 약속했습니다. 엄마를 만나 무엇을 먹을지도 생각했습니다. 엄마에게 줄 모란 꽃도 몇 송이 샀습니다.

엄마 만날 시간이 가까워지는데 걸음을 걸을 수 없을 만큼 온몸에 열이 오르기 시작했습니다. 어쩔 수 없이 엄마에게 문자를 보냈습니다.

"엄마, 다음에 만나요. 급히 마감해야 할 원고가 있다는 것을 깜박 잊었어요. 다시 연락드릴게요. 죄송합니다. 엄마."

밤늦도록 엄마의 문자를 기다렸지만 하늘나라에 살고 있는 엄마는 아무 말이 없었습니다.

과거는 현재가 되고, 현재는 미래가 된다는 말은 새빨간 거짓이었습니다. 거꾸로 가는 시계처럼 미래는 현재가 되고, 현재는 과거가 되는 것이었습니다. 엄마를 만나기로 한 공원에서는. 모란꽃 피어 있는 엄마의 공원에서는.

주님, 엄마가 보고 싶습니다.

주님의 바다

길을 걸으면서도 성경 말씀을 암송했던 시절이 있습니다. 좋아하는 성경 말씀을 하늘색 종이 위에 써서 작업실 벽면에 붙여 놓았습니다. 방 한쪽 벽면 가득히 외운 말씀들과 외울 말씀들이 붙어 있었습니다. 벽면이 모자라 말씀 위에 말씀을 덧붙이기도 했습니다.

밥을 먹듯 말씀을 외웠습니다. 제 기억 속에 있는 말씀들은 적절한 상황을 만날 때마다 주님의 선명한 음성이 되어 기적처럼 제게로 오셨습니다. 기억 속의 사진은 사진 속의 기억보다 깊고 풍부하고 선명했습니다.

열린 창문으로 바람이 불어오면 말씀 가득한 벽면에서 파도 소리가 들렸습니다. 파도 너머로 수평선이 보일 것만 같았습니다. 더 이상 바랄 것이 없었습니다. 주님.

어느 날부터인가 기도 제목이 하나둘 늘어났습니다. 기도 제목이 하나둘 늘어날 때마다 기억 속의 말씀들은 하나둘 제 곁을 떠났습니다.

마땅히 기도할 바를 알지 못하는 욕망으로 가득한 저였습니다. 주님 말씀처럼, 목사님 말씀처럼, 욕망으로 가득 찬 기도를 내려놓아야 기도는 이루어지는 것이었습니다. 주님, 얼마나 깊은 강을 만들어야 주님의 바다에 이를 수 있습니까.

"이와 같이 성령도 우리의 연약함을 도우시나니 우리는 마땅히 기도할 바를 알지 못하나 오직 성령이 말할 수 없는 탄식으로 우리를 위하여 친히 간구하시느니라" (롬 8:26).

하마

"너희가 하나님과 재물을 겸하여 섬기지 못하느니라"(마 6:24).

아무도 모르게 인간에게 붙들려온 세렝게티의 하마는 동물 쇼를 위해 혹독한 훈련을 받았습니다. 목젖이 보일 만큼 큰 입을 벌려 사납게 저항했지만, 저항의 대가는 채찍과 굶주림뿐이었습니다. 살점을 깊이 파고드는 채찍의 공포는 굶주림의 적막보다 끔찍했습니다. 캄캄한 철창 안이었지만 한 번도 본 적 없는 눈 내리는 밤은 아름다웠습니다.

하마의 야성(野性)은 '하마 가죽'으로 만들어진 지독한 채찍을 맞으며 하루가 다르게 길들여졌습니다. "하마 가죽으로 만들어진 채찍이라니요." 낭패와 절망으로 아득히 눈을 감으면 다시는 돌아갈 수 없는 세렝게티 평원에 소나기 내리는 소리만 들렸습니다.

밤새도록 금빛 출렁이는 마른 풀을 씹어도 세렝게티의 아침은 오지 않았습니다.

주님, 저는 오늘도 '하마'를 살았습니다. 용기 내어 주님 계신 철창 밖으로 나아가겠습니다. 철창문은 안으로 잠겨 있습니다. 주님.

벚꽃이 필 때마다

벚꽃 핀 봄날이었습니다. 엄마에게 전화를 걸었습니다. 전화기 저편에서 엄마의 환한 목소리가 들렸습니다. "엄마, 저예요"라고 말하는 순간 목이 메어 더 이상 말할 수 없었습니다. 뺨 위로 눈물이 흘러내렸습니다.

"작은 애냐. 우니?"
"아니요."
"왜 울어. 무슨 일 있어?"
엄마는 다급한 목소리로 물었습니다.

"아무 일 없어요. 엄마."
"아무 일 없는데 왜 울어?"
"힘든 일 있었는데 다 해결됐어요."

엄마와 이런저런 이야기를 나누고 전화를 끊었습니다. 그날 오후, 걸음도 편치 않은 엄마가 아버지와 함께 갑작스레 집에 오셨습니다. 엄마는 만둣국을 드시며 말했습니다.

"무슨 만두가 이렇게 맛있냐?"
"동네 슈퍼에서 파는 만두예요."

저는 서둘러 만둣국을 먹고 슬그머니 슈퍼로 달려갔습니다. 커다란 봉지에 엄마에게 줄 만두 여러 봉지를 담아 양손에 들고 집으로 달려왔습니다. 해 질 무렵 두 분을 집까지 모셔다드렸습니다.
그날이 제가 엄마를 볼 수 있는 마지막 날이었습니다. 엄마를 다시 만난 곳은 엄마의 장례식장이었습니다. 그날이 엄마를 볼 수 있는 마지막 날이라는 것을 제가 어떻게 알았겠습니까.

엄마에게 못다 한 말이 많은데 엄마는 그렇게 떠나셨습니다.

주님, 저는 왜 엄마가 살아계실 때 "엄마의 사랑과 헌신을 잊지 않겠습니다. 엄마의 사랑을 생각하며 진실하게 살겠습니다"라고 엄마에게 말하지 못했을까요. 영원(永遠)으로 가는 순간의 불꽃을 저는 그만 놓치고 말았습니다.

'먼저'의 반의어는 '나중'이 아니었습니다.
'먼저'의 반의어는 '더 먼저'였습니다.
'먼저'의 동의어는 '미리'가 아니라 '용기'였습니다.

마지막 인사는 마지막에 하는 것이 아님을
엄마가 떠난 뒤에 알게 됐습니다. 주님.

교회가 조롱받는 이유

"고린도에 있는 하나님의 교회 곧 그리스도 예수 안에서 거룩하여지고 성도라 부르심을 받은 자들과…"(고전 1:2).

고린도전서 1장 2절에 나와 있는 사도 바울의 말처럼 교회는 '건물'이 아니라 "그리스도 예수 안에서 거룩하여지고 성도라 부르심을 받은 자들"을 의미하는 것이었습니다. 그리스도 예수를 믿고 따르는 사람들 한 명 한 명이 각자가 교회였습니다.

사도 바울의 말을 통해 요사이 교회가 조롱받는 이유를 알게 됐습니다. 교회가 조롱받는 이유는, 교회인 제가 교회인 줄도 모르고 교회 바깥을 함부로 살았기 때문입니다.

교회인 제가 교회인 줄도 모르고 교회 안을 욕망과 허영과 무관심으로 가득 채워 놓았기 때문입니다. '교회'가 문제가 아니라 하나님 말씀대로 살지 않는 '저 같은 교회'가 문제였습니다. 주님.

당신이 빛나는
별빛입니다

금빛이 금빛을 말하는 순간 금빛은 사라졌고, 은빛이 은빛을 말하는 순간 은빛도 사라졌습니다. 스스로를 중심이라고 말하는 중심을 중심이라고 말할 수 있겠습니까. 스스로를 최고라고 말하는 우월감에 빠진 사람들에게 빛나는 별빛이 있겠습니까.

애처로운 것들을 향한 더운 가슴을 가진 당신이 빛나는 별빛입니다. 이리 차이고 저리 차이면서도 소신을 지키며 살아가는 당신이 빛나는 별빛입니다. 아무 곳에나 피어나지만 아무렇게나 살아가지 않는 들꽃 같은 당신이 빛나는 별빛입니다.

하나님 말씀대로 살 수 없어 마음 아파하는
당신이 빛나는 별빛입니다.

모든 기도가
이루어졌다면

주님, 만일 제가 주님께 드린 모든 기도가 이루어졌다면 지금 저는 어떤 사람이 되었을까요?

겸손을 잃어버린 오만한 사람이 되었거나 독단과 편견으로 가득한 예술가가 되었거나 주님께서 주신 축복을 훈장처럼 가슴에 달고 과대 포장된 신앙을 겸손히 간증하는 거짓 신앙인이 되었을지도 모릅니다.

예수 밖에서 예수 안으로 들어가는 것보다 예수 안에서 예수 안으로 들어가는 것이 더 어렵다는 목사님 말씀이 사무치게 아픕니다. 주님.

마지막 밤

아버지가 살고 있는 집에서 아버지와 마지막 밤을 보냈습니다. 어머니가 하늘나라로 떠난 뒤 몇 개월 지나서였습니다. 다음 날이 아버지가 요양원으로 가는 날이었습니다. 아버지가 내린 결정이었습니다. 요양원에서 필요한 물품을 챙겨드리겠다고 말씀드리니 모두 챙겼다고 아버지는 말했습니다.

늦은 시간까지 아버지와 이야기를 나누었습니다. 슬픈 마음을 애써 누르고 아버지 집을 나왔습니다. 아버지는 그날도 제가 보이지 않을 때까지 저를 향해 손을 흔들었습니다. 아무도 모르게 눈물을 닦았습니다.

다음 날 아침 일찍 아버지 집으로 갔습니다. 거실 한쪽에 아버지의 낡고 작은 배낭이 보였습니다.

88년의 길고 고단한 아버지의 생애가 그토록 작은 가방 하나에 담길 수 있다는 것이 믿기지 않았습니다. 아버지와 어머니가 소중히 여겼던 수많은 물건이 사다리차에 아무렇게나 실려 쓰레기로 버려지는 것을 참담한 마음으로 한참 동안 바라보았습니다. 아버지는 야윈 등에 작은 가방 하나를 메고 집을 나왔습니다. 그해 성탄절을 여러 날 앞두고 아버지는 주님 곁으로 갔습니다.

주님, 부모님의 죽음이 왜 이렇게 슬픈가요. 천국의 소망을 품고 있는 제게 부모님에 대한 그리움이 왜 이토록 길고 깊은 것일까요.

고요히 십자가 앞에서

엄마를 잃은 지인의 아이를 위해 그림을 그렸습니다. 별빛 가득한 밤하늘을 달리는 기차 그림입니다. 그림과 함께 쓴 편지도 썼습니다.

"엄마가 보고 싶을 때마다 이 기차를 타. 기차를 타고 가면 엄마를 만날 수 있을 거야. 아저씨도 엄마가 보고 싶을 때마다 이 기차를 타고 가서 엄마를 만났어."

아이는 깊은 눈빛으로 제가 준 그림을 한참 동안 들여다보았습니다. 아이 기억 속의 엄마는 지나간 시간의 엄마이지만, 아이가 기차를 타고 가서 만날 엄마는 다가올 시간의 엄마입니다.

아이 엄마가 뜰에 심은 목련꽃이 피고 지는 동안 아이는 기차를

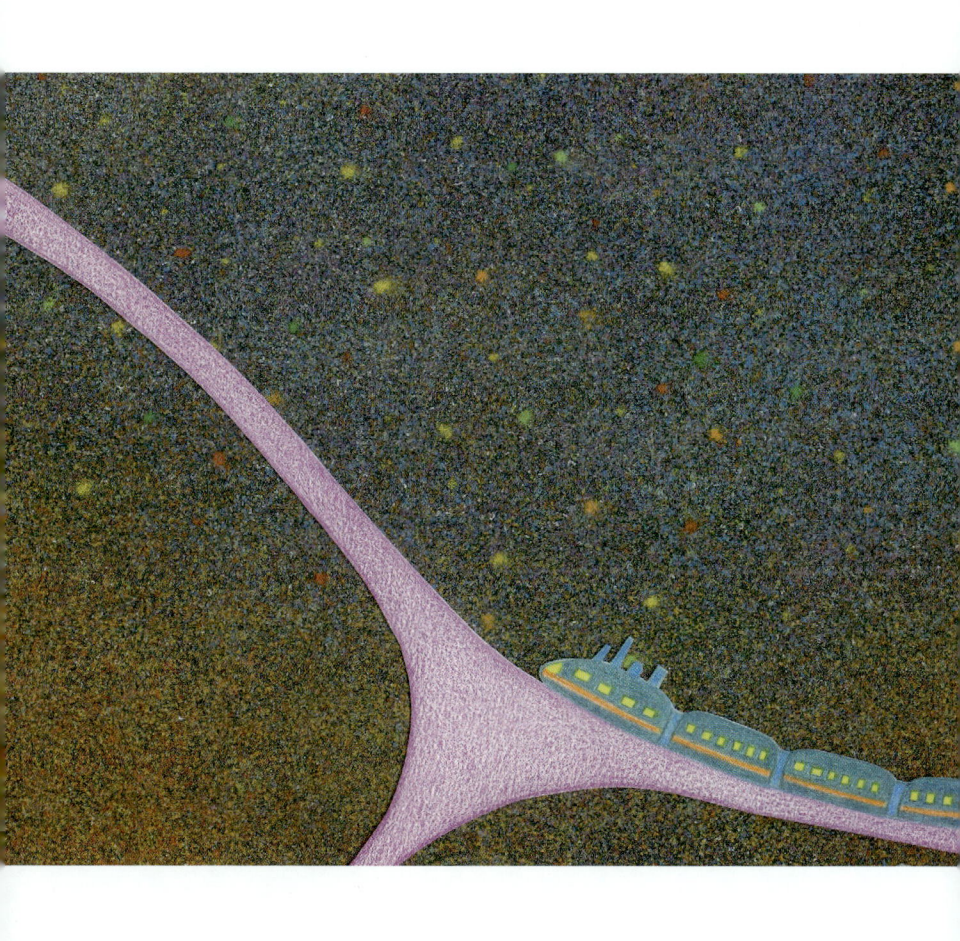

몇 번이나 탔을까요. 머리맡에 놓아둔 그림 속 기차를 보고 있으면 저 멀리서 기적 소리가 들린다고 아이는 제게 말했습니다. 그림을 그릴 때 제가 들었던 기적 소리를 아이도 들은 것일까요.

주님은 그날도 기적 소리가 되어 제게로 오셨습니다.

가시나무

사람들을 만났습니다. 항상 그랬던 것처럼 오늘도 사람들 눈치나 보고 이야기 들어주고 사람들 비위나 맞추고 사람들 칭찬만 잔뜩 늘어놓다가 집으로 돌아왔습니다. 집으로 돌아와서도 혹시라도 사람들에게 실수한 말은 없는지 곰곰이 생각했습니다.

주님, 저는 무엇입니까. 무엇 때문에 그렇게 행동하는 것입니까. 잃어버린 자아의 뒤뜰엔 가시나무만 무럭무럭 자라고 있습니다. 주님, 가시나무의 뾰족한 가시들은 누구를 향해 돋아난 것입니까.

주님의 시나리오

주님, 제가 중요한 의사 결정을 할 때마다 세상의 방식을 선택할 수도 있었고 주님의 방식을 선택할 수도 있었습니다. 어려워도, 주님의 방식을 선택하면 두고두고 보상받을 축복의 통로가 열렸습니다.

주님의 방식을 선택한 사람은 손해도 감수해야 하고 희생도 각오해야 하니 아무나 선택할 수 없는 것이어서 그 선택은 누군가에게 깊은 감동을 주어 신뢰와 지지와 지원이라는 축복의 통로가 열렸습니다.

더욱이 주님의 방식을 선택한 사람에게는 모든 것이 합력하여 선을 이루는(롬 8:28) 그 누구도 예상치 못한 주님께서 계획하신 대반전(大反轉)의 시나리오가 감동적으로 전개됩니다.

주님, 제가 중요한 의사 결정을 할 때마다 주님의 온전하신 뜻이 무엇인지 분별할 수 있기를 원합니다. 주님, 도와주세요.

"너희는 이 세대를 본받지 말고 오직 마음을 새롭게 함으로 변화를 받아 하나님의 선하시고 기뻐하시고 온전하신 뜻이 무엇인지 분별하도록 하라"(롬 12:2).

주님,
환하게 오시옵소서

부자가 천국 문으로 들어가는 것은 낙타가 바늘구멍을 통과하는 것보다 어렵다고 주님은 말씀하셨습니다.

진리의 말씀에도 불구하고 낙타보다, 바늘구멍보다, 천국보다, 헐벗은 가난이 더 급하다고 말하는 사람들이 있습니다. "나는 만날 지지리 궁상으로 살아가면서 하나님 믿으면 복 받는다고 사람들에게 쉽게 말할 순 없었습니다"라고 말했던 쪽방촌 할머니의 쓸쓸한 얼굴도 떠오릅니다. 모진 가난과 병고에도 불구하고 씩씩하게 하나님을 섬기는 외할머니를 바라보면 하나님은 진짜로 살아계신다고 말하는 초등학생 여자아이를 만난 적도 있습니다.

신앙을 해석하는 저희의 이야기는 같은 듯 다릅니다. 시간의 순서대로 배열할 수 없는 이야기는 아픔의 순서대로 배열할 수도 없으니 믿음의 순서대로 배열할 수도 없었습니다. "믿음이 부족한 자여"라고 저를 향해 나직이 말하고 나면 밥을 담는 그릇에 국을 끓이고 있었습니다.

주님, 오시옵소서.
밤하늘 별빛처럼 환하게 오시옵소서.

주님, 오시옵소서.
　　밤하늘 별빛처럼
환하게 오시옵소서.

말씀과 말씀 사이

주님, 제주엔 함박눈이 내렸습니다. 눈 쌓인 숲길 위에 주님 말씀 같은 동백꽃들이 뚝뚝 떨어져 있었습니다.

말씀과 말씀 사이에 놓여 있는 주님의 침묵은 침묵이 아니었습니다. 주님, 동백꽃은 어째서 붉은 꽃송이를 송두리째 던지며 생을 마감할까요. 붉은 꽃송이를 흰 눈 위에 송두리째 던진 동백꽃을 바라보며, 붉은 꽃송이를 흰 눈 위에 송두리째 던지신 골고다 언덕의 주님을 생각했습니다.

날마다 저를 깨우시는 주님, 제가 알지 못하는 저를 만나도 절망하지 않겠습니다. 진실로 죄가 되지 않는다면 제가 쓰고 있는 가면도 낯설어하지 않겠습니다.

신앙도 그런 것입니까

아이에게 삶에 대한 제 경험을 들려준 적이 있습니다. 이렇게 저렇게 살다 보니 굳이 겪지 않아도 될 시행착오가 많았고, 때론 분별력이 없어 그릇된 삶을 살기도 했으니, 나를 반복하지 않으려면 너는 이렇게 살았으면 좋겠다고 아이에게 나직이 말해 주었습니다. 욕심과 방탕의 대가로 참혹한 시간을 보내기도 했다고 진심을 다해 아이에게 말해 주었습니다.

아이는 제 말을 듣지 않았습니다. 혼돈이라는 시간의 강물은 그 누구도 대신 건너 줄 수 없었고, 아이가 직접 건너야 하는 강이었습니다. 때로는 캄캄한 강물을 건너기도 하겠지만 아이는 보랏빛 강물 속에 비치는 치욕과 상실의 자기 그림자를 꽃잎처럼, 화인(火印)처럼 홀로 마음에 새기며 한 뼘씩 한 뼘씩 성장하는 것이었습니다. 주님, 신앙도 그런 것입니까. 오늘도 문밖에 검은 그림자가 서성이고 있습니다. 주님.

왜 나에게
이런 일이 생겼을까요

오래 전 한 마을에서 실제로 있었던 일입니다.

마을 사람들은 마을 여기저기에 있는 도랑에서 미꾸라지를 마구 잡아 추어탕을 끓였습니다. "기력 회복하는 데 추어탕만 한 게 없어"라고 말하며 새끼손가락만 한 미꾸라지까지 모조리 잡았습니다. 마을회관에서 밤낮으로 추어탕 잔치를 벌였습니다.

그다음 해 여름, 모기가 창궐해 마을 사람들 모두 밤잠을 설쳤습니다. 뇌염모기에 물려 병원에 입원한 사람도 있었습니다. 미꾸라지가 가장 좋아하는 먹이가 모기 애벌레인 장구벌레라는 것을 마을 사람들은 뒤늦게 알았습니다. 마을 사람들이 미꾸라지를 모조리 잡아갔으니, 천적이 없어진 장구벌레들은 신나게 춤을 추다가 어느 날 모기가 되어 물 밖으로 나왔겠지요. 물 밖 세상에도 먹을 것은 가득했습니다.

낮잠을 실컷 잔 모기들은 어둠 내린 마을을 공격했습니다. 캄캄한 방 여기저기에서 손바닥 부딪치는 소리가 들렸습니다. 빗줄기 사이를 날아다니는 모기의 비행 실력이 사람들 손바닥에 쉽게 잡힐 리 없었습니다.

마을회관에 모인 사람들은 돈을 걷어 미꾸라지를 사다가 마을 여기저기에 있는 도랑에 풀어 주기로 결정했습니다. 공짜로 먹은 추어탕 값을 마을 사람들은 뒤늦게 지불해야 했습니다.

"왜 나에게 이런 일이 생겼을까요?"라고
함부로 말하지 않겠습니다. 주님.

짬뽕이 되기 싫어서

바다가 보이는 짬뽕집에서 꽃게짬뽕 한 그릇을 시켰습니다. 꽃게 짬뽕을 걸어 나온 꽃게 한 마리가 제게 무어라 귓속말을 하고 바다를 향해 걸어갔습니다. 별빛을 등에 지고 당당히 걸어가는 꽃게 뒷모습을 한참 동안 바라봤습니다.

주님, 저는 거절이 참 어렵습니다. 싫으면 싫다고 저도 용기 내어 말하겠습니다. 주님.

코뿔소의 뿔

코뿔소는 멸종 위기종입니다. 코뿔소의 뿔이 높은 가격에 거래되는 터라 아프리카 밀렵꾼들은 코뿔소를 향해 마구 총질을 해댔습니다. 문제의 심각성을 깨달은 정부가 나서서 코뿔소 보호센터를 만들었습니다.

코뿔소 보호센터가 하는 일은 밀렵꾼 감시만이 아니었습니다. 코뿔소 보호센터는 코뿔소를 포획해 코뿔소의 뿔을 잘랐습니다. 감시를 피해 코뿔소에게 총을 겨눈 밀렵꾼들은 뿔이 없는 코뿔소를 발견하고 얼마나 당황스러웠을까요. 정부가 시행한 특단의 대책이 밀렵꾼들의 밀렵 자체를 무력화시킨 것입니다. 물론 코뿔소의 뿔은 다시 자랍니다.

주님, 저는 코뿔소도 아니고 제겐 코뿔소의 뿔도 없습니다. 마음

깊은 곳에 있는 무엇을 없애야 저를 온전히 지킬 수 있겠습니까. 주님, 절망하지 않겠습니다. 깊이를 갖는다는 것은 자신의 가능성을 긍정하며 어둠의 시간을 견디는 것이었습니다.

2부

때를 따라 아름답게

여수 여행

마음이 혼란스러웠습니다. 수평선을 그리고 싶어 여수로 기차 여행을 떠났습니다. 잠결에도 파도 소리를 듣고 싶었습니다.

바다와 가장 가까운 곳에 민박을 잡았습니다. 저녁 무렵 민박집 주인 할아버지 목소리가 들렸습니다. 방문 밖으로 나갔습니다. 할아버지는 방금 잡아 온 작은 물고기들을 양동이에 담고 있었습니다. 할아버지가 물고기 한 마리를 손에 움켜쥐고 제게 말했습니다.

"새 손님 오셨네. 반가워요. 여기서 5분만 걸어 나가 아무렇게나 그물을 던져도 이놈들 한 냄비는 잡아요. 이게 농어 새끼인데 우리 동네에선 '깔따구'라고 부릅니다. 펄펄 뛰는 놈들을 뼈째로 막 썰어 먹으면 목구멍 속으로 혓바닥까지 넘어갑니다. 회 한 점에 막걸리 한 사발입니다. 그러니 이놈의 막걸리를 안 마실 도리가 없어요."

주인 할아버지는 마당 한쪽에 병정들처럼 일렬로 서 있는 막걸리 병을 손가락으로 가리키며 말했습니다. 할아버지의 말이 끝나기가 무섭게 열린 방문 사이로 주인 할머니 목소리가 들려왔습니다.
"지랄 염병하네."
텔레비전에 시선을 고정한 채 혼잣말을 하는 할머니를 할아버지는 멀뚱히 바라보았습니다. 할아버지의 눈빛이 잠시 흔들렸습니다. 지랄 염병하고 있는 사람이 할아버지인지, 텔레비전 속 악당인지 저는 알 길이 없었습니다.

주님, 수평선을 그려본 사람들은 알게 됩니다. 어째서 남루한 인간의 삶이 하나님의 질서와 맞닿아 있는지를.

달맞이꽃이 피어 있던 자리

"마음을 비웠습니다"라고 말하는 것은 "마음을 비우지 못했습니다"라고 말하는 것이기도 합니다. 주님의 뜻을 따르겠다고 말하는 것은 마음을 비웠다는 말보다 강력합니다.

주님의 뜻을 따르겠다고 말하는 것은 때를 따라 아름답게 하신다는 주님의 약속을 신뢰하는 것입니다.

맨드라미가 피어 있던 자리엔 맨드라미가 피어나고, 달맞이꽃이 피어 있던 자리엔 달맞이꽃이 피어납니다. 주님.

아버지

시장 좌판에서 나물을 팔고 있는 할머니에게 물건값을 깎지 않았던 아버지 모습이 지금도 선명합니다. 허리가 부러진 엄마를 데리고 택시비 5천 원을 아끼려고 마을버스를 탄 아버지를 생각하면 지금도 마음이 아픕니다.

주님, 얼마나 가난해져야 가난 속으로 들어갈 수 있겠습니까. 얼마나 가난해져야 가난 속으로 용감히 들어갈 수 있겠습니까.

낮은 곳으로, 더 낮은 곳으로 흘러가는 강물이 되고 싶었습니다. 푸른 바다가 보고 싶었습니다. 바다는 바다보다 멀리 있었습니다. 주님.

돌멩이

길을 걷는데 신발 속으로 돌멩이가 들어왔습니다. 발바닥이 아팠지만 참을 만해서 그냥 걸었습니다. 한참을 걷는데 발바닥이 더 아팠습니다. 어쩔 수 없이 걸음을 멈추고 신발을 벗어 돌멩이를 털어냈습니다.

돌멩이를 털어내고 다시 길을 걷는데 문득 지금껏 만났던 사람들이 생각났습니다. 누구에게나 그렇듯 제게도 인간관계는 어려웠습니다. 많은 사람들과 인간관계를 하면서 참을 만하면 참았습니다. 아픔 때문에 도저히 참을 수 없을 때는 신발 속으로 들어온 돌멩이처럼 잠시 걸음을 멈추고 털어냈습니다.

그러다 문득 누군가 발바닥이 아파 털어낸 돌멩이가 바로 나일 수도 있겠다는 생각이 들었습니다. 주님.

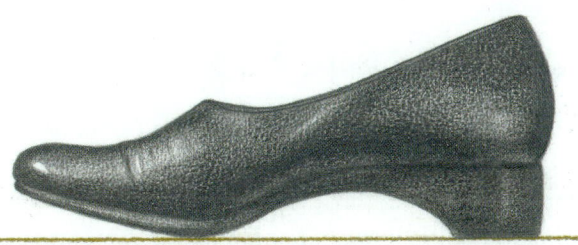

불신의 시대

여러 날 동안 삶에 꽁꽁 묶인 채 한 뼘의 하늘도 볼 수 없었습니다. 주님, 저희는 불신의 시대를 살아가고 있습니다. 삶 곳곳에 음모와 속임수가 가득합니다. 보편을 가장한 모호한 질문들이 제멋대로 저희를 각색하고 왜곡하기도 합니다.

"나는 사람을 안 믿어"라고 말하는 사람이 있습니다. 주님, 그 사람은 많이 속은 사람입니까, 많이 속인 사람입니까. 인생이 짧다고 말하는 사람은 오래 산 사람입니까, 오래 살지 못한 사람입니까.

주님, 세상에 길들여지면 길들여질수록 주님과 멀어진다는 것을 알고 있습니다. 빙판보다 위험한 것은 눈 덮인 빙판이었습니다.

편견

주님, 고요한 밤입니다. 창문 밖에서 고양이 울음소리가 들립니다. 고양이를 싫어하는 사람들이 있습니다. 밤에 고양이 울음소리를 들으면 갓난아기 울음소리 같아 소름 끼친다고, 고양이는 왜 밤에만 우는지 모르겠다고, 고양이는 요사스러운 동물이라고 그들은 말했습니다.

고양이는 야행성 동물이니 밤에 우는 것이 당연하다고, 고양이 울음소리는 고양이들이 우는 소리가 아니라 고양이들의 이야기 소리라고, 고양이들이 밤에 무슨 이야기를 하는지 몹시 궁금하다고 말하는 사람들도 있었습니다.

고양이에 대한 편견이 없는 사람들은 세계 4대 뮤지컬 중 하나인 〈캣츠〉를 만들었습니다.

괜찮아,
그럴 수도 있어

편견이 많은 사람들이 잘하는 말이 있습니다.
"도무지 이해할 수 없네요. 그게 말이 됩니까?"

편견이 적은 사람들이 잘하는 말도 있습니다.
"아아, 그럴 수도 있겠네요."

편견이 많은 사람과 편견이 적은 사람 중 누가 더 행복할까요.
편견이 많을수록 불평이 많아지고 불평이 많을수록 행복은 멀어집니다. 하지만 주님, 저희는 저희가 만난 사람과 저희가 만난 상황과 저희가 만난 사건들에 꼼짝없이 갇혀 살 수밖에 없습니다. 저희의 편견은 그렇게 만들어집니다.
그럼에도 불구하고 주님, 제가 누군가를 향해 "그럴 수도 있겠네요"라고 말할 수 있는 용기를 주세요.

도무지 마음에 들지 않는 제 모습 때문에 절망하는 날에도 저를 향해 "괜찮아, 그럴 수도 있어"라고 말할 수 있는 제가 되면 좋겠습니다. 고드름은 거꾸로 매달려서도 제 키를 키웁니다. 주님.

유머

사람들은 유머 있는 사람을 좋아합니다. 사람들은 왜 유머 있는 사람을 좋아할까요. 유머 있는 사람이 주는 웃음 때문일까요.

더 큰 이유가 있었습니다. 유머 있는 사람은 극단적인 말을 하지 않기 때문에 사람들이 좋아한다고 철학을 공부하는 지인에게서 들었습니다. 유머 있는 사람은 일상적인 말속에 뼈를 심어 농담처럼 상대에게 던집니다. 굳이 극단적인 말을 할 필요가 없는 것이지요.

유머는 자신이 처한 삶의 슬픔과 열등과 낭패를 가로지르며 용감히 시작되는 것이었습니다. 주님.

인간의 본성

주님, 저희가 이기심을 버리면 세상은 지금보다 더 아름다워질까요. 극단적 이기심만 아니라면 타인의 이기심을 인정해야 미움과 갈등이 줄어들지 않을까요. 저의 이기심을 인정해야 숨이 쉬어질 때도 있었습니다. 저를 질투하는 친구가 있다면 그를 제 삶 바깥으로 밀어내야 할까요. 그렇다면 친구를 질투하는 저는 어찌해야 할까요.

주님, 인간의 본성을 살 수밖에 없는 저희는 모순으로 가득합니다. 주님께로 더 깊이 들어가는 것만이 인간의 본성을 극복할 수 있는 유일한 길임을 알고 있습니다만 그 길이 아득해 보일 때가 있습니다. 동쪽에서 가장 먼 곳은 서쪽인 줄 알았습니다. 동쪽에서 가장 먼 곳은 동쪽이었습니다. 주님, 도와주세요.

안녕, 싸움닭

사소한 일에도 사람들이 언성을 높이며 싸우는 곳은 집 안입니까, 집 밖입니까?

절망에 빠진 사람을 다시 일으켜 세울 수 있는 곳은 집 안입니까, 집 밖입니까?

어린아이에게 꿈과 긍정적 에너지를 심어 주고, 맺힌 데 없는 환한 마음을 열어 주고, 삶의 소중한 가치를 넌지시 말해 줄 수 있는 곳은 집 안입니까, 집 밖입니까?

어린아이에게 부정과 비관을 심어 주고 세상을 향한 냉소와 증오를 심어 주는 곳은 집 안입니까, 집 밖입니까?

집 안을 위협하고 집 밖을 위협하는 싸움닭이 만들어지는 곳은 집 안입니까, 집 밖입니까?

그렇다면 그리스도인들이 가장 그리스도인답게 살아야 할 곳은 집 안입니까, 집 밖입니까?

기도

나를 내려놓을 수 있는 가장 좋은 방법은 기도였습니다. 기도를 통해 나를 내려놓을 때 잃어버린 나를 만날 수 있었습니다. 지옥에 있는 나를 데리고 지옥을 빠져나올 수도 있었습니다. 성령의 인도하심이 없었다면 나를 내려놓을 수 없었을 테니 기도는 나의 결심만으로 할 수 있는 것이 아님을 알고 있습니다.

하지만 주님, 평범한 일상을 살 땐 한 걸음 떨어져 주님을 바라보다가 다급해질 때만 주님을 애타게 찾는 저는 도대체 무엇입니까.

슬픔이 없었다면

슬픔을 겪는 것은 가슴 아픈 일이지만 슬픔은 기쁨이 가르쳐 줄 수 없는 것을 제게 가르쳐 주었습니다.

슬픔을 통해 제가 어떤 사람인지도 알게 되었습니다. 제 마음속에 악어 이빨로도 부술 수 없는 단단한 씨앗도 생겼습니다.

주님, 제게 슬픔이 없었다면 저는 어떤 사람이 되었을까요. 김밥 속이 화려해지면 화려해질수록 김밥은 왜 빨리 상하는 것입니까.

주님, 제게 슬픔이 없었다면
저는 어떤 사람이 되었을까요.

세상에 믿을 사람
아무도 없어

굳게 믿었던 사람으로부터 지독히 상처받고 집으로 돌아온 날,
"세상에 믿을 사람 아무도 없어"라고 엄마에게 말했습니다.

그 순간, 저를 믿을 사람도 아무도 없겠구나 생각이 들어
몹시 쓸쓸했습니다. 주님.

소통이
가장 어려울 때

주님, 오래전 어느 날 아버지가 어머니와 다투시고 작은 동산을 넘어 제가 살고 있는 집으로 오셨습니다. 아버지는 쓸쓸한 표정으로 제게 말했습니다.

"부부지간이라 해도 할 말, 못 할 말 주고받고 나면 마음이 편치 않아. 네 엄마와 함께한 세월이 반백 년이야. 이제는 눈빛만 봐도 서로를 알아."

저는 가만가만 고개를 끄덕였습니다. 아버지께 이렇게 말하고 싶었습니다.

"아버지, 얼마 전 심리 전문가의 강연을 들었는데요. 눈빛만 봐도 알 것 같을 때 바로 그때가 소통이 가장 어렵대요. 제 말이 아니고 심리 전문가의 말입니다."

몇 번을 망설였지만 저는 끝내 아버지께
그 말을 하지 않았습니다. 주님.

나를 좋아하는 사람

주변 사람 10명 중 나를 좋아하는 사람은 몇 명이나 있을까요. 전문가의 통계에 따르면 10명 중 나를 좋아하는 사람은 평균 3명입니다. 10명 중 나를 싫어하는 사람도 평균 3명입니다. 나를 좋아하지도 않고 싫어하지도 않는 사람이 평균 4명이라고 하니 이쯤 되면 모두에게 좋은 사람이 되겠다는 생각은 버리는 게 맞다는 생각이 들었습니다.

모두에게 좋은 사람이 되고 싶었지만 힘이 부쳐 길을 잃고 말았습니다. 주님 말씀에 반하는 것인지도 모르겠지만 모두에게 좋은 사람이 되겠다는 생각을 버렸을 때 저는 조금 더 좋은 사람이 될 수 있었습니다. 더 많이 기도하겠습니다. 한 걸음 떨어져 저를 돌아보겠습니다. 주님.

신앙인

오랜만에 동창을 만났습니다.

어린 시절 술에 취한 아버지의 폭력으로 마음 가득 상처가 있는 친구였습니다. 친구는 긴 한숨을 내쉬며 제게 말했습니다.
"돌아가신 아버지 때문에 내가 정신과 약 오래 먹은 거 너도 알잖아."

친구의 말에 저는 가만가만 고개를 끄덕였습니다. 친구는 다시 긴 한숨을 내쉬며 말했습니다.
"우리 아들놈도 정신과 약 먹는다. 나 때문에."

친구에게 아무 말도 할 수 없었습니다. 잠시 후 친구가 다시 말했습니다.

"너 혹시 미워하는 사람 있냐? 혹시라도 있다면 그 사람 너무 미워하지 마. 너도 나중에 그 사람처럼 될 수 있으니까. 내가 내 아버지 같은 사람이 될 줄 어떻게 알았겠니."

친구는 몹시 쓸쓸해 보였습니다. 주님을 섬기는 친구에게 주님을 말할 수도 없었습니다. 주님이 친구와 함께하실 테니 저는 아무 말도 하지 않았습니다.

주님, 밀림의 왕 사자도 고슴도치를 삼킬 순 없습니다. 작고 연약하지만 고슴도치는 제 몸 가득 신앙을 가지고 있기 때문입니다.

동백나무 숲을
걸었습니다

눈 내리는 동백나무 숲을 걸었습니다. 파도 소리가 들렸습니다. 동백나무 숲을 걷다가 문득 나비도 벌도 없는 한겨울에 동백나무는 어떻게 수정을 할까 생각했습니다.

바로 그때 노란색 작은 새 한 마리가 동백꽃으로 날아들었습니다. 뒤늦게 알게 된 그 새의 이름은 동박새입니다. 나비도 없고 벌도 없는 한겨울에 동박새가 있어 동백꽃은 수정도 하고 열매도 맺을 수 있었습니다.

주님, 의미 없이 지나가는 겨울은 없었습니다.

3부

민들레의 눈높이로 보아야만

행복

욕심을 내려놓으면 행복해질 수 있다고 사람들은 말하지만 탐욕스러운 인간의 본성은 그것을 쉽게 허락하지 않습니다.

긍정적으로 생각해야 행복해질 수 있다고, 감사하는 마음을 가져야 행복해질 수 있다고 사람들은 말하지만 행복 연구자의 말에 따르면 행복은 마음가짐으로 얻을 수 있는 것이 아니었습니다.
더욱이 '긍정적인 마음'이나 '감사하는 마음'은 굳게 결심한다고 쉽게 얻을 수 있는 것도 아닙니다.

주님과 동행하는 것만이 제가 행복해질 수 있는 유일한 길임을 알고 있습니다. 그러나 연약한 저의 신앙은 때때로 말씀 바깥에 머물 수밖에 없었습니다. 주님, 저를 불쌍히 여겨 주세요.

똑똑한 세상

"어려움에 처했을 때 도움을 청할 주변 사람이 있습니까?"라는 물음에 "없다"고 대답한 사람이 OECD 국가 중 가장 많이 살고 있는 나라가 대한민국입니다.

이 말을 이렇게 바꿀 수도 있었습니다.
"주변 사람이 어려움에 처했을 때 진심을 다해 도와준 적이 없는 사람들이 OECD 국가 중 가장 많이 살고 있는 나라는 대한민국입니다."

저의 해석이 지나친 것이길 바랐습니다. 주는 만큼만 받을 수 있는 똑똑한 세상입니다. 그러나 세상 셈법을 넘어 손해 보는 것이 남는 것이라 믿으며 한 걸음 더 나아가는 어리석은 사람도 있습니다. 그 사람이 있어 세상은 한 걸음씩 앞으로 나아갑니다.

신념과 언어가 하나가 될 수 없고 외면과 내면이 하나가 될 수 없는 비정한 거리에서 누군가의 마음속에 따뜻한 풍경으로 남아 있는 '호구'는 얼마나 인간적인 것입니까. 주님, 저도 그런 사람이 되고 싶었습니다.

달과 6펜스

프랑스 작가 서머싯 몸의 『달과 6펜스』를 읽었습니다.

책 제목에 있는 '달'은 인간의 이상(理想)이나 꿈을 상징하고 '펜스(pence)'는 화폐 단위로 인간의 현실인 돈을 의미합니다. 이 책은 꿈과 현실의 경계에서 방황하는 인간의 모습이 책 주인공인 프랑스 화가 폴 고갱을 통해 감동적으로 그려진 책입니다. 이 책은 우리에게 꿈을 선택할 것인가 현실을 살아갈 수 있는 돈을 선택할 것인가 질문을 던지고 있습니다. 『달과 6펜스』의 주인공 화가 폴 고갱은 돈 대신 꿈을 선택한 사람입니다. 주님, 제 마음속에 살고 있는 누군가가 저에게 이렇게 말했습니다.

"달이 없어도 돈은 보이지만 돈이 없으면 달은 안 보여. 그래도 달을 선택할 거니?"

빛과 소금

등대는 밤바다에서 길을 잃은 배들을 위해 그냥 깜빡이는 것인 줄 알았습니다. 등대마다 고유의 신호체계가 있다는 것을 소설가 김훈의 글을 읽고 알았습니다.

이를테면 100년이 넘는 역사를 간직한 가거도 등대는 15초마다 한 번씩 깜빡입니다. 뱃사람들은 등대가 점멸하며 보내 주는 고유의 신호체계를 보고 가거도 등대인지, 속초 등대인지, 선미도 등대인지 분별할 수 있었습니다.

등대는 자신의 이름을 부르면서 깜빡인다고, 소설가 김훈은 말했습니다. 그 말이 저에겐 단지 등대에 대한 이야기만으로 들리지 않았습니다. 이 막막한 세상에서 빛과 소금이 되어야 할 그리스도인의 삶에 대한 이야기로 제게 다가왔습니다.

소설가 김훈의 말처럼 등대는 자신의 이름을 부르면서 깜빡였습니다. 주님.

민들레의 눈높이

주님, 해바라기의 눈높이로 바라보아야만
볼 수 있는 세계의 진실이 있었습니다.

민들레의 눈높이로 바라보아야만
비로소 볼 수 있는 세계의 진실도 있었습니다.

신앙 위에 굳건히 세워진 집

행복한 사람들에겐 물질보다 사람을 소중히 생각한다는 공통점이 있었습니다. 사람을 향한 진심을 가진 사람들이 더 행복해 보였습니다. 무엇보다 신앙 위에 굳건히 세워진 '집'을 저는 신뢰합니다. "저는 사는 게 늘 행복합니다. 나만 잘하면 돼요. 화낼 일이 뭐가 있어요?"라고 말하는 사람이 저는 행복해 보이지 않았습니다.

무거운 것은 가볍게 들어야 하고, 가벼운 것은 무겁게 들어야 한다는 일본 영화의 감동적인 대사가 자꾸만 떠올랐습니다. 주님.

나무는 바람을
불평하지 않았다

여러 사람이 있는 수목원 벤치에서 한 사람이 말했습니다.

"저는 하고 싶은 말 마음에 담아두지 않습니다. 이것저것 눈치 보지 않고 제가 하고 싶은 말 다 합니다. 할 말은 해야죠. 하지만 뒤끝도 없습니다."

그의 말을 듣고 사람들은 아무 말도 하지 않았습니다. 편백나무 숲속에서 바람이 불어왔습니다. 바람이 나무를 흔들 때마다 나무는 바람을 불평하지 않았습니다. 바람이 지나가는 길목에 나무가 서 있었기 때문입니다. 주님.

나무는 바람을 불평하지 않았습니다.

경쟁력

표범에 대한 동물학자 이야기는 놀라웠습니다. 표범은 홀로 사냥합니다. 몸을 낮추고 발걸음을 죽이고 먹이가 있는 곳까지 최대한 다가가 순식간에 기습공격을 합니다. 표범의 탁월한 기습공격엔 비밀이 있었습니다. 표범은 다른 동물에 비해 발바닥에 유난히 털이 많았습니다. 먹이가 있는 곳까지 다가갈 때 발걸음 소릴 죽일 수 있는 최고의 장치를 가지고 있는 것입니다.

표범의 사냥 성공률이 높은 이유가 또 있습니다. 표범의 사냥은 여럿이 힘을 합쳐 사냥하는 들개나 하이에나처럼 나 하나만 적당히 비겁할 수도 없었고 나 하나만 적당히 뛸 수도 없었습니다. 더욱이 표범은 자신이 잡은 커다란 사냥감을 물고 높은 나무 위로 올라가 여러 날 동안 혼자만 먹을 수 있으니 사냥 성공률이 더 높을 수밖에 없었습니다.

표범은 사자들처럼 무리의 아늑함을 선택하지 않았습니다. 무리의 아늑함 속에 평화롭게 포장된 서열과 대립과 갈등과 소외를 표범은 거부했습니다. 대신 먹이가 있는 곳까지 은밀하게 다가갈 수 있는 먹이 경쟁을 위한 최고의 장치를 표범은 발바닥에 만들어놓은 것입니다.

만일 누군가가 저에게 "당신이 가진 최고의 경쟁력은 무엇입니까?"라고 묻는다면, "저의 경쟁력은 하나님입니다"라고 말할 수 있는 사람이 되고 싶습니다. 주님.

가짜 소금

가짜 소금을 만드는 사람들이 있었습니다. 누구보다도 소금 같은 하얀 결정체에 짠맛을 감쪽같이 담았습니다. 가짜 소금은 전국으로 팔려나갔습니다. 하지만 시간이 지날수록 소금은 팔리지 않았습니다. 가짜 소금이라는 것이 발각된 것은 아닙니다. 소금에도 심장이 있는데, 소금의 심장 깊은 곳에 스미어 있는 소금의 단맛을 가짜 소금이 흉내 낼 수 없었기 때문입니다.

'소금은 짜다'만 알고 '소금은 달다'를 몰랐던 까닭에 가짜 소금은 소금의 진심을 담을 수 없었습니다. 진심은 보여 주고 싶어도 쉽게 보여 줄 수 없었지만 감추고 싶어도 쉽게 감춰지지 않았습니다.

한낮에도 반짝이는 별빛

만날 수 없어도 만나는 얼굴이 있습니다.
아름다운 것들마다 온통 그의 얼굴입니다.
눈물겨운 것들마다 온통 그의 얼굴입니다.

주님, 누구의 가슴에도 하나쯤은
한낮에도 반짝이는 별빛이 있습니다.

바다로 가는 동안 강물은
일억 개의 별을 가슴에 담는다

제 삶에 비겁함이 없었다면
방탕과 욕된 시간이 없었다면
주님을 배반했던 치욕의 순간이 없었다면
여러 해 동안 몸이 아파
죽고 싶을 만큼의 절망이 없었다면
기도하고 기도해도 이루어지지 않았던
간절한 소망이 없었다면

주님을 향한 저의 신앙은
무엇으로 깊어질 수 있었겠습니까.

바다로 가는 동안 강물은
일억 개의 별을 가슴에 담았습니다. 주님.

뒤늦은 깨달음

엄마만큼 소중한 것은 없다고 큰 소리로 말하는 사람이 있다면 그는 엄마를 잃은 사람입니다. 엄마가 있는 사람은 엄마의 소중함을 잘 모릅니다.

일자리만큼 소중한 것은 없다고 큰 소리로 말하는 사람이 있다면 그는 일자리를 잃은 사람입니다. 일자리가 있는 사람은 일자리의 소중함을 잘 모릅니다. 건강만큼 소중한 것은 없다고 큰 소리로 말하는 사람이 있다면 그는 건강을 잃은 사람입니다. 건강한 사람은 건강의 소중함을 잘 모릅니다.

주님, 소중한 것을 잃고 나서야 비로소 소중함을 깨닫는 저희는 이토록 어리석습니다. 날마다 저희를 깨우시는 주님, 저희를 불쌍히 여겨 주세요.

밤은 낮보다
아름다운 색을 가지고 있다

어둠은 어둠이 아니었습니다. 어둠이 감추고 있는 빛의 실체가 있었습니다. 카를 구스타프 융은 그것을 '어둠의 빛'이라고 명명했습니다.

캄캄한 시간을 통해서만 깨닫게 되는 것이 있었습니다.
심령이 가난한 자는 복이 있다는 주님 말씀의 뜻을, 애통해하는 자는 복이 있다는 주님 말씀의 뜻을 저는 뒤늦게 깨달았습니다.

아플 만큼 아파한 것만 웃음이 될 수 있다는 것을 저는 이제야 깨달았습니다. 밤은 낮보다 아름다운 색을 가지고 있습니다. 주님.

욕심쟁이 호랑거미

어둠 내린 산길을 걸었습니다. 욕심쟁이 호랑거미가 가로등과 아카시아 나무 사이에 커다란 집을 지어 놓았습니다. 거미줄은 유난히 많은 먹이로 기우뚱거렸습니다.

불빛 때문이었습니다. 욕심쟁이 호랑거미는 불빛을 이용해 다른 호랑거미들보다 많은 먹이를 잡을 수 있었습니다.

불빛을 찾아 날아온 하루살이, 명주잠자리, 하늘소, 나방들이 욕심쟁이 호랑거미가 놓은 덫에 꼼짝없이 붙들리고 말았습니다. 박각시나방 한 마리가 거미줄을 빠져나오려고 몸부림쳤습니다. 박각시나방은 몸통과 날개까지 꽁꽁 묶인 채 끝끝내 빠져나오지 못했습니다.

이상했습니다. 욕심쟁이 호랑거미의 상다리는 매일매일 진수성찬으로 휘어지는데 욕심쟁이 호랑거미는 하루가 다르게 삐들 삐들 말라갔습니다.

불빛 때문이었습니다. 불빛 때문에 눈이 부셔 욕심쟁이 호랑거미는 단 하루도 깊은 잠을 잘 수 없었습니다. 주님, 저의 밤도 그랬습니다. 저의 사랑도 그랬습니다.

위로

고등학교 3학년이 되는 딸을 둔 친구 아내가 말했습니다.

"내년에 제 딸아이가 고3이 됩니다. 아쉽지만 내년 1년 동안 이 모임에 참석할 수 없어요. 딸아이가 고3인데 엄마가 여행이나 다닐 순 없잖아요."

잠시 망설이다가 조심스럽게 친구 아내에게 말했습니다.

"고3 아이에게 필요한 건 엄마도 함께 싸우겠다는 전우애가 아닙니다. 고3 아이에게 필요한 건 엄마의 위로와 지지와 공감입니다. 1년을 송두리째 고3 딸아이에게 바친 엄마가 낮잠 자는 고3 딸을 고운 시선으로 바라볼 수 있겠습니까. 여행도 다니시고 영화도 보시면서 얻은 생(生)의 에너지를 입시로 지친 고3 딸

아이에게 나눠 주세요. 그게 더 낫지 않을까요."

친구 아내는 가만가만 고개를 끄덕였습니다. 함께 울어 주는 것만 위로가 아니었습니다. 저만큼의 거리에서 내게 주어진 삶을 온전히 살아내며 얻은 생(生)의 에너지를 그에게 나눠 주는 것도 위로였습니다. 주님.

회개

닭이라는 글자엔 알을 품는 암탉이 살았습니다. 제비라는 글자엔 보랏빛 제비가 날아다녔습니다. 고양이라는 글자엔 밤의 노랫소리가 고요했고, 바다라는 글자엔 층층이 부서지는 파도 소리가 들렸습니다. 그리스도인이라는 글자엔 침묵만 가득했습니다.

주님, 2미터가 넘는 비단구렁이를 기르는 사람에게 비단구렁이는 더 이상 악몽이 될 수 없었습니다. 한밤중에 비좁은 담장 위를 걷고 있다면 그것은 개가 아니라 고양이입니다.

주님, 참새처럼 가볍게 십자가 위로 내려앉지 않겠습니다. '저의 뜻'을 '주님의 뜻'이라고 함부로 말하지도 않겠습니다.

주님을 닮고 싶었습니다

그늘을 만드는 것은 나무의 전략입니다. 그늘을 만들어 자기보다 웃자랄 수 있는 주변 나무들의 광합성을 막아야 자신이 살아남을 수 있습니다. 직원을 채용하는 기업의 면접관들은 아무리 유능해도 자신과 비슷한 분야에서 비슷한 역량을 가진 사람들을 뽑지 않는다고 합니다. 사람이 나무의 전략을 배운 것입니다. 그런 면접관들을 함부로 폄하할 수도 없었습니다. 주님, 생존의 현실은 때때로 저희를 무력하게 만듭니다.

주님을 닮고 싶었습니다. 레몬이 레몬을 내려놓기 어려운 것처럼 인간이 인간을 내려놓는 것이 어려웠습니다. 주님을 닮을 그날을 기다리며 봄비처럼 걸어가겠습니다. 기다림은 기다림이 아니라 바라는 것의 시작입니다. 주님.

4부

말씀이 함박눈처럼 소리 없이 쌓일 때

가족

상처를 주고받을 수 있는 가족이 있다는 것은 축복이었습니다. 때로는 소리치며 싸우기도 하지만 나약함과 불완전함과 쩨쩨함이나 유치함까지 나눌 수 있는 가족이란 공동체는 얼마나 인간적인 것입니까. 불가능성까지도 안아 주는 가족이란 공동체는 얼마나 지혜롭습니까.

시시한 일상과 안타까움과 불가능성과 불편함이 모여 기적이 되는 것이었습니다. 주님.

학교 종이 땡땡땡

학교 종이 땡땡땡 울렸습니다. 산골 분교 교실에 교장선생님, 담임선생님, 4학년, 5학년, 6학년 아이들 모두 모였습니다. 산골 분교 전교생은 스무 명도 되지 않았습니다. 1학년, 2학년, 3학년 아이들은 한 명도 없습니다.

부임한 지 얼마 되지 않은 여자 선생님이 수줍은 얼굴을 빛내며 칠판 앞에 서 있습니다. 선생님은 양손을 앞으로 들고 수화를 가르치고 있습니다. 교장선생님도 담임선생님도 4학년, 5학년, 6학년 아이들도 모두 수화를 배우는 학생입니다. 까르르 까르르 웃음소리가 교실 안에 가득합니다.

6학년 봉구는 교실 밖에 서 있습니다. 교실 문 틈새로 얼굴을 빠끔히 들이대고 봉구는 자꾸만 교실 안을 들여다보았습니다.

봉구는 마음이 아팠습니다. 언어 장애가 있는 봉구를 위해 교장 선생님도, 담임선생님도, 아이들도 수화를 배우고 있다는 것을 봉구는 알고 있습니다. 교실 창가에 잠자리 한 마리가 앉아 있습니다. 창가의 해바라기도 동그란 얼굴을 살랑살랑 흔들었습니다.

교실 밖에 서 있는 봉구는 두 팔이 떨어져 나갈 것만 같습니다. 봉구가 양쪽 팔에 들고 있는 비닐봉지에는 삶은 옥수수가 가득 들어 있었습니다. 선생님과 아이들을 위해 엄마가 싸 준 옥수수입니다. 봉구는 교실 안을 자꾸만 들여다보았습니다. 태극기 바로 옆에 하얀 액자가 보였습니다.

교훈: 착하게 살자

하얀 액자 위로 붉은 노을이 스러졌습니다. 봉구 얼굴을 타고 눈물이 가만가만 흘러내렸습니다. 바람을 타고 주님의 고요한 숨결이 지나갔습니다. 주님이 계시지 않은 곳에도 주님은 계셨습니다. 눈물을 기억하는 사람이 되겠습니다. 주님.

하얀 액자 위로 붉은 노을이 스러졌습니다.

엄마가 켜 놓은 등불

엄마가 보고 싶어 매일 엄마를 생각했습니다. 엄마가 보고 싶어 매일 엄마 사진을 보았습니다. 기억 속의 엄마는 사진 속의 엄마보다 애처로웠습니다. 엄마가 보고 싶어 엄마가 살았던 집에도 갔습니다. 초인종을 누를 수도 없었고 엄마를 부를 수도 없었습니다. 엄마 방의 불빛은 더 이상 엄마가 아니었습니다.

주님, 엄마와 마주 앉아 이야기를 나눌 땐 엄마 얼굴이 보이지 않았습니다. 엄마가 제 곁을 떠난 뒤로 매일 엄마 얼굴이 보였습니다. 싸늘하게 누워 있는 엄마에게 진실하게 살겠다고 마지막 약속을 했습니다. 엄마는 떠났지만 엄마가 켜 놓은 등불은 남았습니다.

분별력

해, 태양의 한자어는 일(日)입니다. 달의 한자어는 월(月)입니다.
우리가 분별력을 가지려면 해(日)와 달(月)을 동시에 볼 수 있어야 한다고, 해(日)와 달(月)을 동시에 볼 수 있을 때 '밝을 명(明)'을 얻을 수 있다고, 한 철학자가 말했습니다.

해와 달을 동시에 본다는 것은 무슨 뜻인지 헤아릴 수 없었습니다. 저는 C.S. 루이스의 빛나는 통찰에서 그것의 의미를 추측해 보았습니다. "만일 우리 안에 있는 악마를 쫓아내면 우리 안에 있는 천사도 함께 쫓겨난다"고 C.S. 루이스는 말했습니다. 우리 안엔 천사도 있고 악마도 있는데 "내 안엔 악마가 없어"라고 확신하는 순간 우리에겐 진짜 악마의 시간이 시작된다는 뜻으로 저는 해석했습니다.

우리는 누군가와 싸울 때 대부분 '나는 선하고 당신은 악하다'를 전제합니다. 많이 양보하면 '나도 잘못은 있지만 당신 잘못이 더 크다'를 전제합니다.

내 안에도 악함이 있다는 것을, 내가 당신보다 더 악할 수도 있다는 것을 인정하지 않는 것입니다. 독사처럼 달려드는 어린 자식을 바라보며 지혜로운 엄마는 자신의 내면에 살고 있는 독사를 바라봅니다.

해와 달을 동시에 본다는 것은 그런 것이겠지요.
주님, 저도 그런 사람이 되고 싶습니다.

승리

싸움에 이기기 위해서는 용기가 필요했지만
싸움에 져 주기 위해서는
더 많은 용기가 필요했습니다. 주님.

축복의 통로

일터에서 만나는 사람들의 마음을 얻는 것은 매우 중요한 일이었습니다. 친절과 진정성과 긍정성과 유연함은 사람들 마음을 얻는 데 꼭 필요한 것이었습니다.

주님이 저와 함께하셔서 저는 조금 더 친절할 수 있었습니다. 주님이 저와 함께하셔서 저는 조금 더 진실할 수 있었습니다. 주님이 저와 함께하셔서 한 뼘이라도 긍정을 향해 걸어갈 수 있었습니다. 주님이 저와 함께하셔서 편견을 내려놓고 조금 더 유연해질 수도 있었습니다.

주님이 제 안에 계셨기에 가능했던 친절과 진정성과 긍정과 유연함은 이 모습 저 모습으로 보이게 보이지 않게 사람들 마음에 가닿았고, 사람들을 통해 혹은 상황이나 사건들을 통해 저를 향한 축복으로 되돌아왔습니다.

주님, 축복은 간절한 내용의 기도를 통해서만 오는 것이 아니었습니다. 주님의 손을 꼭 붙들고 있는 것만으로도 축복은 시작되는 것이었습니다. 주님.

상처

"그 여자는 도무지 말이 통하지 않아요"라고 그는 내게 말했지만 말이 통하지 않는 사람은 그 여자가 아니라 당신일지도 모른다고 저는 말하고 싶었습니다.

"늦가을에 개나리가 피었어요. 개나리가 미친 거 아닙니까?"라고 그는 내게 말했지만 미친 건 개나리가 아니라 계절이라고 그에게 말하고 싶었습니다.

주님, 침묵도 사랑이 될 수 있는 것입니까. 때론 침묵이 사랑이 되었으면 좋겠습니다. 올려다보는 것과 내려다보는 것은 위치의 문제도 아니었고 태도의 문제도 아니었습니다. 하이에나는 하이에나로 태어났고 코뿔소는 코뿔소로 태어났습니다. 주님.

바다가 보이는 식당

바다가 보이는 식당에서 저녁을 먹었습니다.

직선을 지우며 대각선으로 달려오는 흰 파도가 멀지 않았습니다. 저녁을 먹다 말고 누구에게든 전화를 걸고 싶었습니다. 제가 떠나온 줄 알았는데 저를 떠난 사람들이 하나둘 생각났습니다.

파도 소리가 들렸습니다. 주님, 세상은 혼돈으로 가득했고 제 마음은 경계를 잃었습니다. 밤이 내린 수평선 위엔 푸른 별빛이 고요한데 제 안에서 울고 있는 아이는 울음을 그치지 않습니다.

때론 바다처럼 사나웠지만 바다처럼 깊고 넓었던 아버지가 보고 싶습니다. 주님.

주님, 저를 불쌍히 여겨 주세요

저희 부모님이 주님 안에서 믿음으로 저를 키워 주셨다면
지금의 저는 더 환한 사람이 되었을 것입니다.
푸르른 시절에도 제가 주님의 손을 꼭 붙들고 있었다면
지금의 저는 더 환한 세상을 살았을 것입니다.

하지만 주님, 주님을 멀리했던 시간이 없었다면
주님을 가까이할 시간도 없었는지 모릅니다.
구속 없는 자유의지는 자유가 아니라
방탕이고 변명이고 지옥이라는 것을
주님을 멀리했을 때 저는 비로소 깨달았습니다.
주님, 저를 불쌍히 여겨 주세요.

피멍

어린 시절 제가 살았던 동네에 앞을 볼 수 없는 아저씨가 살았습니다. 아저씨는 동네 아이들에게 친절했습니다. 어느 날 엄마에게 매를 맞고 동네를 배회하다 우연히 아저씨를 만났습니다.

아저씨에게 "안녕하세요"라고 작은 소리로 인사했습니다.
아저씨가 말했습니다.
"울었구나."

"제가 울었다는 걸 어떻게 아셨어요?"라고 묻고 싶었지만
아무 말도 하지 않았습니다.

"목소리 들으면 다 안다. 네 목소리에 눈물이 묻어 있어. 나 같은 사람은 얼굴을 볼 수 없으니까 상대방 목소리로 대충 때려

잡는다. 눈 없는 사람은 온몸에 눈이 있어. 부딪쳐 피멍 든 곳이 모두 눈이야."

주님, 아저씨의 말이 지금도 선명하게 들립니다.
"눈 없는 사람은 온몸에 눈이 있어. 부딪쳐 피멍 든 곳이 모두 눈이야."

하나님이 모든 것을 지으시되
때를 따라 아름답게 하셨고

주님을 믿는 사람은 자신을 기다려 줄 수 있습니다. 지금 내 모습이 못마땅해도 주님이 함께하신다면 언젠가는 자랑스러운 사람이 될 거라고 믿으며 나를 기다려 줄 수 있습니다.

지금 내 눈앞에 도저히 넘을 수 없을 것 같은 장벽이 있다 해도 주님이 함께하신다면 언젠가는 반드시 그 장벽을 넘을 수 있을 거라고 믿으며 나를 기다려 줄 수 있습니다. 지금 내게 도저히 고쳐질 것 같지 않은 성격이나 습관이 있다 해도 주님이 함께하신다면 언젠가는 반드시 고칠 수 있을 거라고 믿으며 나를 기다려 줄 수 있습니다.

사랑하는 주님, 눈이 내려도 진달래는 핍니다.
꽃샘추위 사나워도 진달래는 핍니다.

불을 켜면
별은 멀어진다

이제 서울 밤하늘에는 별이 몇 개 남지 않았습니다. 사람들이 켜 놓은 불빛 때문에 별들은 하나둘 서울 하늘을 떠났습니다. 불을 켜면 별은 멀어졌습니다.

제 몸에 불을 켰습니다. 제가 있다는 것을 사람들에게 알려 주고 싶었습니다. 제 몸에 불 하나를 켤 때마다 사람도 하나씩 제 곁을 떠났습니다. 저를 켜면 사랑도 멀어졌습니다.

저는 이제 캄캄한 어둠이 되었습니다. 불빛 때문에.
제가 켠 불빛 때문에.

동백꽃

바다가 내려다보이는 산길을 걷다가 주님을 만났습니다. 돌로 만든 오래된 계단 위에 주님은 한 송이 붉은 동백꽃으로 떨어져 계셨습니다.

누구는 동백나무를 심고, 누구는 동백꽃을 좋아하고, 누구는 동백꽃 차를 좋아하고, 누구는 동백꽃을 좋아했던 엄마를 그리워하고, 누구는 동백꽃 위에 내려앉은 눈송이를 사진에 담고, 누구는 동백꽃으로 날아온 철자법도 모르는 동박새에 대한 시를 쓰고, 누구는 억울하게 죽어간 제주 4.3을 생각하며 동백꽃을 가슴에 달고, 누구는 동백꽃 붉은색을 바라보며 주님의 보혈을 생각합니다.

동백꽃은 누구에게나 같은 동백꽃이 아니었습니다. 동백꽃. 동백꽃. 동백꽃. 동백꽃. 동백꽃. 주님, 다시는 저를 깔보지 않겠습니다. 다시는 사람들 앞에서 저를 비하하지도 않겠습니다. 주님.

동백꽃은 누구에게나
　같은 동백꽃이 아니었습니다.

주님을 생각하며

내면의 저와 외면의 저 사이는 너무 멀었습니다.

활주로도 없이 수직을 차고 오르는 헬리콥터를 바라보는 사이 세월이 지났고 사랑도 아득히 지나갔습니다.

주님, 얼마를 더 걸어야 저를 기다리는 밤을 만날 수 있습니까. 얼마를 더 걸어야 수평과 수직의 교차점에서 주님을 생각하며 목 놓아 울 수 있겠습니까. 주님.

주님이 제 곁에
계시지 않았다면

주님, 응답받지 못한 기도가 있다고 생각했습니다. 아니었습니다. '무의미'를 '의미'로 반전시키는 주님의 마법은 언제나 경이로웠습니다.

주님이 제 곁에 계시지 않았다면 저는 지금 어떤 사람일까요. 주님이 제 곁에 계시지 않았다면 저는 지금보다 더 방탕했을 것입니다. 주님이 제 곁에 계시지 않았다면 저는 지금보다 더 어리석었을 것입니다.

주님이 제 곁에 계시지 않았다면 저는 지금보다 더 정직하지 못했을 것입니다. 주님이 제 곁에 계시지 않았다면 저는 지금보다 더 가난했을 것입니다. 주님이 제 곁에 계시지 않았다면 저는 지금보다 더 건강하지 못했을 것입니다.

주님이 제 곁에 계시지 않았다면 저는 지금보다 더 교만했을 것입니다. 주님이 제 곁에 계시지 않았다면 저는 지금보다 더 폭력적이었을 것입니다. 주님이 제 곁에 계시지 않았다면 저는 지금보다 더 이기적이었을 것입니다. 주님이 제 곁에 계시지 않았다면 저는 지금보다 더 불안하고 우울하고 불행했을 것입니다.

주님이 제 곁에 계시지 않았다면.
주님이 제 곁에 계시지 않았다면.

나의 힘이 되신 여호와여
내가 주를 사랑하나이다

주님, 기도는 성취만을 위한 도구가 아니라 주님과의 동행을 위한 애틋한 등불임을 기억하겠습니다.

기도는 가물거리는 주님이 고요히 제 안으로 스며드는
아득한 수평선입니다.
제가 필요할 때만 주님을 찾지 않겠습니다.
제가 필요할 때만 주님께 기도하지 않겠습니다.

소리 없이 내리는 함박눈처럼
주님 말씀이 제 안에 소리 없이 쌓일 때,
말씀과 말씀 사이에 놓여 있는 주님의 별빛과
층층이 부서지는 푸른 파도와
저를 깨우시는 주님의 세심한 음성을 소중히 간직하겠습니다.

일상에서 시시각각으로 다가오는 주님의 섭리를 '운명'이나 '당위'나 '행운'이나 '인생의 법칙'으로 잘못 해석하지 않겠습니다.

물질과 명예와 성공이 어린 고양이처럼 걸어와 제 심장을 찌를 때마다 제가 엎드려 경배하는 것이 물질과 명예와 성공인지, 주님인지, 욕망을 실어 나르는 어린 고양이인지 늘 깨어 분별하겠습니다.

하나님을 믿는 사람에게 가장 어려운 것은 하나님을 믿는 것이라고 말했던 샤를 드 푸코의 역설(逆說)을 날마다 새롭게 간직하겠습니다. 주님, 오직 주님만 바라보게 해 주세요.
나의 힘이 되신 여호와여 내가 주를 사랑하나이다(시 18:1).

Epilogue

Epilogue

몽당색연필 키만큼 작아질 때까지

점묘화 속엔 제가 원하는 모든 색을 한 점 한 점 그려 넣을 수 있습니다. 경계에 놓인 서로 다른 색의 점들은 맹렬히 맞서고 부딪치고 화해하면서 무의미와 모호함의 경계를 지웁니다.

사람들에게 쉽게 선택받지 못하는 어두운 표정의 색(色)들에게도 중심을 열망하는 변방의 간절한 독백이 있고, 꿈과 자존과 추억을 회상하는 심장이 있다는 것을 점묘화를 그려 본 사람들은 압니다. 점묘화 속엔 어두운 표정의 색들까지 모두 주인공입니다.

제게 있어 그림은 서로 배치되거나 조응(照應)하는 말(言)과 말(言) 사이에 존재하는 고요한 침묵입니다. 침묵은 거저 침묵이 아니라 말과 말 사이에 놓여 있는 맥락의 음표가 주님께서 예비하신 일만(一万) 개의 태양으로 열리는 시간입니다.

글을 쓰고 그림을 그리는 동안 병적인 강박증에 쫓겨 몽당색연필을 손에 들고 두려운 마음으로 극한의 경계를 넘을 때마다 보잘것없는 저의 걸음을 한 점 한 점 인도하신 주님의 말씀은 제 발의 등이요 제 길의 빛이었습니다(시 119:105).

주님, 사랑하는 나의 주님.

사명선언문

너희가 흠이 없고 순전하여……세상에서 그들 가운데 빛들로
나타내며 생명의 말씀을 밝혀 _ 빌 2:15-16

1. 생명을 담겠습니다
만드는 책에 주님 주신 생명을 담겠습니다.
그 책으로 복음을 선포하겠습니다.

2. 말씀을 밝히겠습니다
생명의 근본은 말씀입니다.
말씀을 밝혀 성도와 교회의 성장을 돕겠습니다.

3. 빛이 되겠습니다
시대와 영혼의 어두움을 밝혀 주님 앞으로 이끄는
빛이 되는 책을 만들겠습니다.

4. 순전히 행하겠습니다
책을 만들고 전하는 일과 경영하는 일에 부끄러움이 없는
정직함으로 행하겠습니다.

5. 끝까지 전파하겠습니다
모든 사람에게, 땅 끝까지, 주님 오시는 그날까지
복음을 전하는 사명을 다하겠습니다.

서점 안내

광화문점   서울시 종로구 새문안로 69 구세군회관 1층
02)737-2288 / 02)737-4623(F)

강남점   서울시 서초구 신반포로 177 반포쇼핑타운 3동 2층
02)595-1211 / 02)595-3549(F)

구로점   서울시 동작대로 시흥대로 602, 3층 302호
02)858-8744 / 02)838-0653(F)

노원점   서울시 노원구 동일로 1366 삼봉빌딩 지하 1층
02)938-7979 / 02)3391-6169(F)

일산점   경기도 고양시 일산서구 중앙로 1391 레이크타운 지하 1층
031)916-8787 / 031)916-8788(F)

의정부점   경기도 의정부시 청사로47번길 12 성산타워 3층
031)845-0600 / 031)852-6930(F)

인터넷서점   www.lifebook.co.kr